Veje til Gud

Joanna Tengvad

Regressionsterapeut

Veje til Gud

Skrevet af:

©Joanna Tengvad

www.syntesia.d

Bogen er sat med Garamond

Udgivet Nov. 2011

1. Udgave. 1. Oplag. 2011

Forlag: Books on Demand GmbH, København, Danmark
Fremstilling: Books on Demand GmbH, Norderstedt, Tyskland
ISBN 978-87-7114-317-1

Veje til Gud

Joanna Tengvad

Regressionsterapeut

Af samme forfatter:

Publicerede artikler:

Skabelsens under – den kosmiske fødsel (2006)

Livet som abemenneske (2006)

Gud i hverdagen (2011)

Digte:

Digte udgivet i Digthaven (2006)

Veje til Gud

Indhold:

Tillæg:

Helligånden og nutidens mennesker

Indledning

Helligånden og nutidens mennesker

Sidst, men ikke mindst

Efterskrift

Til notater

Veje til Gud

Forord

Kære læser: *Veje til Gud* - er ikke skrevet ud fra biblen, eller andre tilgængelige tekster som omhandler Gud eller religion. Teksterne i denne bog bygger alene på, hvad jeg i mit inderste følte jeg måtte skrive. Jeg har et yderst beskedent kendskab til både Det Nye og Gamle Testamente. Jeg tilhører ikke nogen kirkemenighed. Min "kirke" ligger i mit hjerte, i mine følelser og samtaler med Gud. Min samlede bibelske viden, kan ligge i en teske. Jeg tilhører den store "usynlige masse" af kristne. Jeg har ingen speciel uddannelse der giver mig belæg for at skrive om Gud.

Hvorfor så skrive denne bog om Gud? Svaret er ganske enkelt, jeg kunne ikke andet...

Formålet med denne bog:

At formidle personlige oplevelser med Gud, der samlet set, forhåbentlig kan guide det søgende menneske til at nærme sig Gud, måske i ny erkendelse og ad nye veje. Teksterne er desuden at betragte som et værktøj til selvudvikling, der tager udgangspunkt i den kristne tro. Ethvert menneske der søger livsglæde og livskvalitet, uanset om man betragter sig som kristen eller ej, vil kunne have udbytte af bogens læsestof. Bogens indhold er også et forsøg på at give enkle svar på store spørgsmål. Dog skal det pointeres, Gud skal ikke forklares, men opleves!

NB. Der er sider til notater, bagerst i bogen

Tekster

Gud og tanke universet

Har du Gud med i din hverdag? Har du Gud med dig på arbejde, eller når du færdes ude blandt andre mennesker? Har du Gud med dig når du sidder foran dit tv og slapper af? Har du Gud med dig, når du efter en lang dag, putter dig ind til din partner?

Nej, vil de fleste nok svare...

Jo! Det har du faktisk! Tanken kan nok virke skræmmende, ja måske ligefrem frastødende. Kigger Gud med over skulderen! Udspionerer Gud mig!

Nej! Det gør Gud ikke! Men Gud er med dig, hvor du end færdes. Puha, det er da til at blive helt paranoid af, kunne man måske fristes til at tænke. Eller måske forkaster du helt denne tanke, ryster på hovedet og konkludere straks at forfatteren til disse ord må være rablende skør. Lad os dvæle lidt ved ordet "tanke" – kunne det tænkes at Gud findes i vores tankeverden!

Hvad er tanker? (Du har lige tænkt en hel tankerække, alene ved at læse denne tekst.)

Der er forsket, bevist, og skrevet mange afhandlinger om dette emne, jeg kan på ingen måde hamle op med videnskabelige facts, teologiske antagelser udført af "fagfolk" indenfor dette område, hjerneforskere, teoretikere, filosoffer, teologer, præster, lægmænd m.m. Men én ting står enhver klart, tankeverden er fascinerende. Tanker, impulser og energi, som omformes til handlinger inden i og udenfor kroppen. Vore tanker styrer vort liv i stor udstrækning, for ikke at sige fuldstændig, vi handler ud fra vore tanker, både fysisk og psykisk. Enhver lille ting vi udfører, i og udenfor kroppen er affødt af impulser, energi, signaler, tanker... og alligevel er vi ikke i stand til at måle, veje eller se denne energi eller tankeverden med det blotte øje. Men vi véd den findes, denne unikke tankeverden i ethvert menneske. Vi er desuden alle en del af et enestående tanke univers, dog kender de fleste af os kun til vor egen, altså den tankeverden som vi hver især indeholder, skaber og udvikler gennem hele vort liv. Jeg vil kun ganske kort nævne den fysiske energi, der sørger for at vores krop, muskler og motoriske funktioner fungerer på bedste vis. Dette alene er et mirakel i sig selv, og må for enhver fremstå som et bevis på vor skabers enestående kreativitet. Skønt vi efterstræber at skabe en motorisk krop (robot) – er det ikke lykkedes os endnu, at designe en fuldbyrdet kopi af den menneskelige krops motoriske funktioner, der er fyldestgørende og på højde med den menneskelige krops funktionelle bevægeapparat. Hvis vi dertil lader vore tanker strejfe alle de indre organer og deres funktioner i menneskekroppen, hjerne, hjerte, lunger, nyrer, lever, nerver, blodbaner, etc. etc. – ja så fremstår mennesket som en særdeles unik skabning, dog ikke mere unik end ethvert dyr eller plante Gud har skabt. Hvad der adskiller os fra dyre og planteriget, er vore tanker, vor tankeverden og tanke univers. Dette er intet mindre end guddommeligt, og heri fremstår Guds skaberværk i al sin pragt.

Der findes bevidste og ubevidste tanker i vores tankeverden. De bevidste tanker, er de tanker som vi er opmærksomme på vi tænker. De ubevidste tanker, er de tanker som vi har kørende hele tiden "skjult" i baggrunden af den del af vor tankeverden som vi normalt har tilgang til. Disse tanker kan yderlig deles op i forskellige "tankegrupper" – kærlige tanker, destruktive tanker og kreative tanker. Ja selv når vi drømmer ser vi billeder og kan opleve, altså vi har fuld gang i vor tankeverden. Normalt beskæftiger vi os nok ikke så meget med de ubevidste tanker, de lever deres eget "tankeliv" bag vore bevidste tanker. Dog sker det vi bliver opmærksomme på disse tanker, hvis vi begynder at handle ud fra vore ubevidste tanker, f.eks. ændrer vor adfærd og handlemåde, uden at vide hvorfor vi gør det. Det sker også at vi pludselig har ord eller hele sætninger der dukker op i vore bevidste tanker, uden vi ved hvorfor vi tænker disse tanker, ofte ord eller sætninger, som vi ikke vil kendes ved, eller som vi syntes forstyrrer vore bevidste tanker, fordi disse tanker, virker løsrevne, og vi ikke aner hvor de kommer fra. Af og til, begynder vi ligefrem at diskutere med vore egne tanker. Faktisk kommunikere vi ikke bare med os selv i vor egen bevidste og ubevidste tankeverden men til tider også med et helt tanke univers, der er mere eller mindre "skjult" for de fleste. I dette tanke univers findes Gud, og dette tanke univers har adgang til hele vor tankeverden. Derfor er Gud med dig hvor end du færdes. Gud lever "skjult" i dig, dybt i dine tanker. Dette tanke univers har adgang til alle eksisterende tanker, både bevidste og ubevidste, og har været eksisterende til alle tider. Tanke universet repræsenterer kun en lille del af Guds storhed. Gud er først og størst, og rækker langt udover al ubegribelighed.

At tale med Gud

Kan man tale med Gud? Ja! Det kan kan man! Gud har forsøgt at få dig i tale siden dine første tanker blev formet i din hjerne. Måske du endda har talt med Gud da du var barn, mange børn taler med Gud i deres tanker. Desværre glemmes disse samtaler som oftes i løbet af barnets opvækst. Børn udvikler sig, oplever en masse i familieregi, børnehave, fritidshjem, skole og blandt venner. I vort moderne samfund er børns fritid som regel overbooked med fritidsinteresser og mange børn oplever en stresset hverdag, ikke ulig de voksnes, hvor det er svært at få tid bare at "være" – mærke sig selv, og gå på opdagelse i tankeverden. Nutidens børn er stort set beskæftiget hele deres vågne tid, og når de slapper af foregår det ofte til film i tv eller foran pc'en.

Det er aldrig forsent at genoptage eller begynde at tale med Gud. Vil Gud have dig i tale, uanset om du tror på Guds eksistens eller ej, har han sine veje til at nå dig. Gud presser sig aldrig på, medmindre det er tvingende nødvendigt for de planer han har for dig. Vil Gud have dig i tale, er det fordi du har brug for ham, måske til at rette op på noget i dit liv, måske for at trøste dig, eller hjælpe dig til at nå et mål, eller udføre en mission i dit liv. Der kan være så mange grunde, kun Gud ved hvilke, måske du har bedt om hans hjælp i dine ubevidste tanker.

Hvordan taler man med Gud? Bøn = samtale. Bøn betyder: direkte komunikation. At bede, fremsige eller tænke en bøn betyder kort og godt at samtale. Mange mennesker bruger biblens ord, udvalgte bønner som de finder passende, eller som på en eller anden måde udtrykker hvad de gerne vil fortælle Gud ligger dem på sinde. Andre mennesker laver deres egne bønner, der kan skifte indhold alt efter hvad de gerne vil indvie Gud i. Nogle mennesker siger deres bønner højt, andre udformer deres bønner udelukkende i tankeverden. Ethvert menneske kan udforme sin bøn, samtale med Gud alt efter hvad der falder mest naturligt. Hvorfor ikke bare tale eller tænke tanker om helt almindelige oplevelser, eller problemer du har i din hverdag, begynde at dele dem med Gud, fortælle ham om din dagligdag, det er en god begyndelse. Gud har kendt dig hele dit liv, og ved hvad der rører sig i dit indre, og venter på at du skal tage det første skridt imod ham

Nogle mennesker beder hele deres liv, uden at føle de kommer i kontakt med Gud, dette er ikke ensbetydende med at Gud ikke har hørt disse bønner. Gud bestemmer selv om han vil give sig til kende. Måske er tiden ikke inde endnu, til at man kan rumme Gud, forstået på den måde, at når det virkelig går op for én, at Gud eksistere, er det for stort, og kan medføre psykisk kaos og angst i det enkelte menneske. Gud ved bedst!

Du kan roligt betro Gud alt hvad der rører sig i dig, Gud kender dig bedre end du selv gør, da han altid har modtaget dine inderste tanker, og derved fulgt din vej siden du udsendte din første tanke. Alt hvad du indeholder har Gud insigt i, altså man kan ikke være usand for Gud. Ligesom du på ingen måde kan lyve for dig selv, du kan bilde dig ind du kan, men du kan ikke være usand for dine inderste tanker. Dine inderste tanker, dine ubevidste tanker er altid sande - det vil sige, du kan ikke manupulere med dem, derfor er ethvert menneske altid sand for Gud. Som regel har du kun overfladisk kendskab til din ubevidste tankeverden, nogle kender slet ikke til den, andre frasiger sig at indeholde den. Da Gud kender dig gennem din tankeverden, og modtager dine inderste uforfalskede tanker, er Gud ikke "kun" alvidende i Verden, men også i dig.

Man kan bede, eller tale til Gud, på alle tider af døgnet. Ingen bestemt ugedag eller tidspunkt er bedre end andre. Nogle går i kirke, andre beder hjemme eller finder et sted i naturen, hvor der er fred og ro. Man kan tale til Gud alle steder, og med øvelse under alle omstændigheder. Mange mennesker taler til og med Gud stort set hele tiden, det er blevet en naturlig del af deres liv, at komunikere, dele stort og småt, med Gud løbende gennem dagligdagen.

Er det uvant for dig at tale til Gud, kan du i en stille stund, tænde et par stearinlys, sætte dig ned, finde ro i dig selv ved at kigge på flammen i lyset, og roligt i dine tanker eller med ord, fortælle Gud hvad der tynger dig, eller takke for en god dag du har haft. Alt kan du betro Gud i din tale. Har du vrede i dig, eller sorg, og du ikke har kunnet fortælle andre mennesker om, hvad der går dig på, eller måske du føler andre mennesker ikke forstår dig, modtager Gud med glæde dine fustrationer. Man kan såmænd også skælde ud på Gud, som gennem tiderne har modtaget uendelige store skideballer.

Hvorfor tale til Gud, når nu Gud kender til alt hvad du oplever og alt hvad du indeholder? De fleste beder nok til Gud for at "læsse af" og for at vise "fromhed" – nogle mennesker beder i håb om at få svar på brændende spørgsmål i livet. Med andre ord, hjælp, "indyndelse" og rådgivning. Dette ønsker Gud, vi alle vil "bruge" ham til. De færeste beder om at modtage Guds kærlighed, skønt dette er det største Gud gerne vil give os.

Stil krav til Gud

Kan man stille krav til Gud? Ja! Det kan man, det skal man helst gøre. Gud er almægtig, vor skaber og alvidende, men paradoksalt nok, ønsker han vi stiller krav til ham. Gud vil dig gerne, og ønsker du overvinder din frygt for hans almægtighed. Du må meget gerne bede ham lytte til dig, kalde på Gud, ligefrem insistere, du må gerne bede ham om at hjælpe dig med det du føler ligger dig mest på sinde. At være egoistisk i sit krav, altså ønske Gud gør noget specielt for dig, at bede om, Gud vil være behjælpelig med at fremme egen status i livet, er i overensstemmelse med Guds inderste for dig. At bede Gud om at hjælpe dig med f.eks. at få mulighed for et bedre job, så du kan give dine børn og dig selv et mere trygt og komfortabelt liv, eller bede om at blive fritaget for smerter og sygdom, er i pagt med Guds væsen.

Kan du tænke og handle frit overfor Gud, med alt hvad du rummer - er du et frit menneske...

Gud kender din sandhed

Sandhed er et begreb. Sandhed er relativ og sandhed opleves forskelligt i det enkelte menneske. Hvad der er sandt for mig, kan være usandt for dig. Altså kan usandhed være sandhed, og sandt kan være usandt.

Vores hverdag er fuld af usandheder. Vi fyldes med usandheder gennem medier hver dag, vi fyldes også med sandheder gennem samme medier. De fleste af os ser reklamer i tv. Men vi ved jo godt, at fordi vi køber en flaske med et rengøringsmiddel, kommer der ikke en tornado ud af flasken, når vi letter på låget på denne flaske, vi ved godt at vort køkken må vi rengøre selv, denne "rengørings tornado" findes ikke i flasken. Altså er denne reklame "usand" - og dog er den sand, fordi flasken indeholder et middel, der kan rengøre vort køkken.

Vi producerer selv sandheder og usandheder hele tiden i det uendelige. Vi taler sandt, vi taler usandt, vi oplever og opfatter, sandt og usandt individuelt, og ofte har vi svært ved at skelne mellem sandheder og usandheder. Vi lyver bevidst og ubevidst, vi "pynter" tit på vore oplevelser, måske for at gøre disse lidt mere interessante, sjove eller sætte os selv i et "bedre lys" over for andre mennesker, når vi genfortæller dem. Vi kan ligefrem opleve eller opfatte noget som sandt eller usandt i første øjeblik, og efter en stund, har vi vendt det hele rundt, så det sande er usandt eller omvendt. Det er menneskeligt, sådan er vi indrettet, og sådan skal det være. Vi er når det kommer til sandhed og usandhed, ofte kreative, ja ligefrem skabende, bevidst eller ubevidst.

Vi skaber også sandheder og usandheder, i vort talte og skrevne ord kollektivt, mennesker i mellem. I særdeleshed globalt, ikke mindst i vor højteknologiske tid, med alle tilgængelige mediers mellemkomst kan vi producere og dele disse sandheder og usandheder, der igen opfattes som sandt eller usandt individuelt i hvert enkelt menneske, ofte sammenfattende med det omgivende samfunds opfattelse af sandt og usandt. Mennesket har siden sin begyndelse produceret sandhed og usandhed. Ikke mindst når det har drejet sig om religion og udbredelsen af tro, der både nutidigt og historisk set, som oftest er "iklædt politiske klæder." i mere eller mindre grad. Mennesket har til alle tider været i stand til "rykke rundt" på sandhed og usandhed, man kan sige, hvis gårsdagens sandheder er dagens usandheder, så kan dagens sandheder jo også være morgendagens usandheder. Herved er sandhed/usandhed blevet et paradoks.

Gud kender din sandhed, dit inderste tanke rum, dine følelser og derved alt hvad du har oplevet i dit liv, af godt, skidt, stort og småt. Alt hvad du har tænkt er delt med Gud, alt hvad du har udført i handlinger, af kærlighed eller det modsatte. Simpelthen alt hvad din tankeverden rummer, er blotlagt, selv dine fantasier og drømme, der jo også udspringer af dine tanker. Intet er skjult for Gud. Du har gennem hele dit jordiske liv sendt alt hvad du rummer til Gud med "tankepost." Kan du erkende du står "nøgen" overfor din skaber, og han kender dit inderste, der altid er sandt for ham, da er du nået langt, og forstår at Guds kærlighed er grænseløs.

Hvorfor søge Gud

Nogle mennesker har helt bevidst afgjort med sig selv, at Gud ikke eksisterer, og dette accepterer Gud fuldt ud. Man kan sagtens have et godt og tilfredsstillende liv uden at tro på Gud, og selvfølgelig kan man være et kærligt og omsorgsfuldt menneske. Lige så vel som man kan tro på Gud, og alligevel ikke være et kærligt og omsorgsfuldt menneske.

Mange mennesker er søgende, fordi de føler der ligesom mangler noget i deres liv, ikke nødvendigvis at disse mennesker er utilfredse med livet eller lever et "ulykkeligt" liv. Men de fleste mennesker, føler der mangler en ekstra dimension i livet, noget der kan give mere mening og indhold, i et ellers indholdsrigt liv.

For de fleste menneskers vedkommende opsøges Gud kun ved specielle lejligheder. Ved årets højtider, eller familie begivenheder der har relation til kirkehandlinger, dåb konfirmation, bryllup og begravelse. Hvilket selvfølgelig er gode lejligheder til at samle familien, men hvor selve tilkendegivelsen af tro, ofte mere bærer præg af "familie kom sammen."

En hel del mennesker er "vokset op med Gud" - gennem deres opdragelse og opvækst, at tro på Gud, er blevet en integreret bestanddel af deres liv.

Nogle mennesker føler sig "kaldt" af Gud, de fleste af disse mennesker, udøver på en eller anden måde, gennem deres arbejde eller ved deres handlinger Guds virke.

Få mennesker føler sig "udvalgt" - disse mennesker lever og ånder kun for Gud, har en indsigt og visdom i det guddommelige som få mennesker er forundt, og udfører en mission for Gud blandt mennesker.

Men hvorfor i det hele taget søge Gud? Hvad er det Gud kan give os, som vi ikke har i forvejen, eller kan skaffe os på anden vis?

Svaret er enkelt. Gud kan give mennesket kærlighed. En kærlighed, som aldrig forgår. Gud elsker os betingelsesløs, med en kærlighed der overstråler alt, dog ikke mere end du selv giver den lov til. En sådan kærlighed kan kun Gud give. Denne form for kærlighed findes ikke blandt mennesker, eller kan opnås gennem materielle ting.

At prise Gud

Ordet "prise" - er et gammelt ord, og bruges desværre ikke så meget længere i det danske sprog. At prise, betyder ganske enkelt: at anerkende med kærlighed.

Gud henvender sig til ethvert menneske på mangfoldige måder, ikke mindst gennem den natur han har skabt, i håb om at vi vil glædes over hans skaberværk. At Gud henvender sig til os, må ikke på nogen måde forveksles med at vi skal være bibelkyndige, gå i kirke eller leve efter Guds love. Det er kvit og frit et tilbud til os.

Et smukt formet grønt blad, en solsort på en dugvåd græsplæne, en klar nattehimmel med blinkende stjerner, er eksempler på Guds skaberværk. At glæde sig over natur, er at glæde sig over Guds skaberværk. Måske vi ikke tænker at vi herved priser Gud. Men det gør vi faktisk. Bevidst eller ubevidst, glædes alle mennesker over naturen på en eller anden måde. Intet dyr eller plante kan glædes over natur, mennesket et det eneste levende væsen, der er i stand til gennem sanser, bevidst i tanker og følelser at frydes, og derved se, føle og opleve skønheden i natur. Gud har så sandelig brugt hele farvepaletten, alverdens former og dufte som vi kan glædes og forundres over.

At beskue naturen, opleve den, omgås naturen med kærlighed, er at prise Gud.

Ethvert nybagt forældrepar, kender nok følelsen af, at deres afkom ikke "bare" er et vidunderligt barn, som indeholder kopier af deres egne gener, men at barnet, er intet mindre end et mirakel. De fleste forældre glædes heldigvis over at deres nye lille afkom, der er kommet til verden, og undres over hvor smukt og unikt dette lille nye liv er. Herved glædes de ikke kun over barnet og deres egen biologiske formåen, men anerkender med kærlighed, altså priser Gud.

Vi priser Gud hver dag, dog er vi ikke altid bevidste om det.

Gud er vor lærermester

At forholde sig til Guds eksistens er en personlig proces som for de fleste mennesker er en livslang bevidstheds udviklings proces. At forstå og ikke mindst være i stand til at rumme Gud og hele hans væsen er ikke menneskeligt muligt.

Gennem bøn, direkte kommunikation med Gud, lærer Gud os at rumme hvad der er nødvendigt at forstå af Gud og hans væsen. Gud ved hvad vi hver især kan og har brug for at kunne rumme og forstå.

Vi kan ikke læse os til at forstå Gud, vi kan kun læse og prøve at forstå, hvad andre har skrevet og fortolket. Derfor er det vigtigt at tale med Gud, da Gud har indsigt i det enkelte menneske, og kender vor tankeverden, rummelighed og begrænsninger. Gud er den bedste lærermester.

Gennem bøn, samtale med Gud, kommer vi Gud nærmere, Gud er os nær hele tiden.

At tro, at være kaldet, at være udvalgt

Gud henvender sig til ethvert menneske, i håb om vi vil modtage hans kærlighed, og derved indlemme Gud i vort liv. Gud henvender sig direkte til kaldte og udvalgte mennesker i håb om de vil indgå en kærligheds pagt med Gud og udføre en mission blandt menneskeheden. Gud udvælger få mennesker til at leve et liv fuldt og helt for og med Gud.

At tro på Gud i "almindelig" forstand, er at have Gud med i livet i en eller anden form.

At være "kaldt" - er at forsøge at følge de "veje" som er anvist af Gud, i henhold til den aftale pågældende menneske har indgået med Gud. Den indgåede aftale, er som regel en livsgerning, der går ud på at hjælpe menneskeheden gennem arbejde, eller handlinger som det kaldte menneske udfører i sit liv. Dette menneske udfører Guds virke blandt mennesker.

At være "udvalgt" - indebærer som regel at det udvalgte menneske, gennem sin tro på Gud kun lever og ånder for Gud. Dette menneske, kan derfor ikke som almindelig troende og kaldte mennesker, leve et "normalt" liv med familie og de forpligtelser som man almindeligvis har i vort samfund. Udvalgte mennesker har accepteret først og fremmest at leve deres liv for Gud, og føler sig kun forpligtet overfor Gud, og den mission de har indvilget i at udføre for Gud.

Mennesker der er kaldte eller udvalgte, er ikke i tvivl om de har haft "nærkontakt" med Gud. Fælles for disse mennesker er, at de har haft oplevelser hvor Gud ikke bare har talt til dem, men Gud har åbenbaret sig for dem. (Må ikke forveksles med at modtage et budskab eller åbenbaring gennem det guddommelige, eksempelvis en spirituel oplevelse) Kaldte og udvalgte mennesker modtager direkte guidning, og tegn fra Gud til udførelse af deres livsgerning eller mission. Alle kaldte og udvalgte har overfor Gud accepteret deres livsbane og lever i en kærligheds pagt med Gud.

For alle mennesker er det gældende, at forholdet mellem Gud og det enkelte menneske, i allerhøjeste grad er en "privatsag" mellem Gud og menneske.

At have Gud med i livet

Kan Gud gradbøjes? Ja, i allerhøjeste grad! At have Gud med i livet, på en eller anden måde, i en eller anden form, der falder det enkelte menneske naturligt, er hvad Gud ønsker for os. Gud ønsker vi skal glædes ved ham, og glædes ved livet, det er jo derfor vi lever.

Mangt en svag eller smertefuld krop har været udsat for yderlig belastning eller smerte under knælende bøn på kolde gulve, fordi mennesket i sin tro, har været overbevidst om at jo mere der vises ydmyghed, smerte og afsavn overfor Gud, jo mere står Gud det ydmyge menneske nær. Sådan forholder det sig ikke. Gud ønsker ikke at forvolde mennesket smerte eller afsavn.

At have Gud med i livet er livsbekræftende. Man fyldes af en glæde, en indre glæde som også i betrængte tider kan opløfte og give mennesket styrke til at udholde livet når det til tider kan forekomme næsten uudholdeligt. Livsglæde er også at håb, uden håb, er mennesket håbløst! Livsglæde er så sandelig også at holde af sig selv, at tage hånd om sig selv fysisk og psykisk, så godt som det nu er muligt for det enkelte menneske. Vi må værne om os selv og de andre, tage ansvar for os selv og de andre, vi er alle unikke skabninger.

Når Gud er en naturlig del af livet, i den grad vi nu ønsker at indlemme Gud i vort liv, da vil vi sande at Gud giver os en indre glæde og styrke, der giver vort liv ikke bare mere indhold, men også ruster os til at overvinde mange udfordringer og problemer i dagligdagen. Gud giver energi og overskud, når vi mindst venter det.

Gud kan ændre dit liv

Gud kan gribe ind i dit liv, til hver en tid, dog lader han os som regel leve store dele af vort liv uden vi mærker til hans indgriben. Livet er en læreproces, og vi må selv træffe vore valg, og høste vore erfaringer ud fra de valg vi træffer i livet.

Gud guider dig gerne, hvis du beder om det. Det er ikke altid vi opfatter at Gud guider os, måske vi ikke "lytter" - og så kan det ske, at vi får et vink med en vognstang.

Det sker at Gud radikalt griber ind i vort liv, og fører os "håndfast" i en bestemt retning, enten fordi vi har bedt om dette, eller fordi det er nødvendigt for os at skifte spor, da vi befinder os på et sidespor i livet, der på sigt vil give os besvær, eller store sjælekvaler. Ofte opdager vi først, vi har befundet os på et "sidespor" eller været "afsporet"- når vi ser i bakspejlet.

Gud og menneske i fælles udvikling

Mennesket udvikler sig gennem Gud, og Gud gennem mennesket. Guds skabende energi er konstant til alle tider. Guds væsen er bevægeligt, i konstant udvikling, ligesom mennesket kontinuerligt udvikler sig intellektuelt og følelsesmæssigt. I historisk tid har Gud været mere "kontant" og "hård" i sit væsen" - da Guds væsen er en afspejling af menneskehedens samlede "væsen" - og omvendt! Altså Guds væsen og menneskeheden er i samspil og udvikles i fællesskab.

Da Gud har adgang til ikke bare det enkelte menneskes tankeverden, men til menneskehedens samlede tankeverden, har Gud fulgt vor udvikling og gerninger gennem tiderne. Gud ser jordens befolkning, og vore samlede gerninger i stort perspektiv. I tanke universet som er en del af Guds skaberværk, spejler Gud sig gennem mennesket, og i mennesket kan Gud se sig selv.

Mennesket er skabt i Guds billede.

Guds fremtoning

Gud indeholder ALT og kan rumme ALT. Gud er den skabende energi, en energi af en sådan art, der langt overstiger den menneskelige fatteevne. Gud kan antage enhver form. Guds væsen kan fremstå for mennesket, som Gud finder bedst. Gud har intet ansigt eller krop, og dog kan Gud vælge at fremtræde i menneskeskikkelse.

Indledning:

Helligånden og nutidens mennesker

Mange mennesker tror på Treenigheden.

Fader, Søn og Helligånd har stor betydning for millioner af mennesker verden over.

Jeg må erkende jeg har oplevet Talsmanden. Derfor har jeg valgt at lave et lille tillæg der omhandler Helligåndens virke. "Helligånden og nutidens mennesker" - indeholder citater fra Johannes Evangeliet, da det faldt mig nærliggende at skrive ud fra dette skriftsted.

Med vilje har jeg undladt at komme ind på "tungetale" i afsnittet om "Helligånden og nutidens mennesker" - jeg har ikke personligt nogen oplevelse af denne form for tale, og derfor ikke i stand til at skrive om dette fænomen.

Helligånden og nutidens mennesker

I Bibelen er Helligånden betegnelsen for Guds kraft i levende væsener. Det er den kraft, der skaber og opretholder alt levende. Det er også Helligånden, der udruster Jesus til den gerning han skal udføre. Efter Jesus død og opstandelse skænkes Helligånden til den første kristne menighed. Ifølge Det Nye Testamente skænkes Helligånden den kristne i dåben og sætter ham eller hende i stand til at leve med de forpligtelser og krav den nye status som kristen kræver.

Faderen, sønnen og Helligånden også kaldet Treenigheden

Faderen, Gud den Almægtige, skabte alt levende på Jord, hver en celle.

Helligånden, Guds ånd, besvangrede Maria, som fødte menneskesønnen Jesus.

Jesus bragte Guds ord til menneskene, gennem Helligånden, der gav menneskesønnen indsigt og visioner, herved var Jesus i stand til at berige menneskeheden med guddommelige budskaber, der den dag i dag, er den bærende søjle i Det Nye Testamente og i millioner af kristne menneskers liv.

Jesus formåede gennem sine gerninger og budskaber at holde "liv" i kristendommen op gennem tiden, i bund og grund med noget så enkelt og dog så stort, og i særdeleshed for os mennesker så svært at udøve - og ikke mindst at forstå, nemlig kærlighed... KÆRLIGHED i alle aspekter. Jesu ord har fulgt med op gennem tiderne, bevingede ord, der kan opløfte mennesket i svære tider uanset tid og sted.

Ikke mindst budskabet omhandlende Kærlighed til Gud den Almægtige hvoraf ALT er skabt, er et gennemgående tema som Jesus har formået at få til at spire og gro på den Guds skabte jord blandt menneskeheden, hvor Guds skaberværk blandt andet er udtrykt gennem menneskets evne til at modtage og give kærlighed.

Jesus måtte forlade livet blandt menneskene. Helligånden forbarmede sig over menneskene, og lod Jesus, tildele sine disciple et åndepust af sin egen kraft, denne sandheds og kærlighedens ånd som havde bo i menneskesønnens krop og sjæl.

Trosbrødrene var nu ved Helligåndens virke, i stand til at berette og udbrede om profetens liv, død og opstandelse, med indsigt og vid som kun få udvalgte blandt mennesker er forundt.

Guds udvalgte søn drog til sin fader, hans mission blandt menneskene var fuldført, og han overlod til sine disciple at udbrede budskabet om Guds kærlighed til menneskeheden. Før han blev forenet med Gud, gav han et budskab til sine trosbrødre, måske det vigtigste budskab han efterlod sig. Et håb for eftertiden, som et ubrydeligt løfte til fremtiden, et budskab om Talsmandens komme.

Løftet om en anden talsmand

(Johannes Evangeliet)

v15 Elsker I mig, så hold mine bud; **v16** og jeg vil bede Faderen, og han vil give jer en anden talsmand, som skal være hos jer til evig tid: **v17** sandhedens ånd, som verden ikke kan tage imod, fordi den hverken ser eller kender den. I kender den, for den bliver hos jer og skal være i jer. **v18** Jeg vil ikke efterlade jer faderløse; jeg kommer til jer. **v19** Endnu en kort tid, og verden ser mig ikke længere, men I ser mig, for jeg lever, og I skal leve. **v20** Den dag skal I erkende, at jeg er i min fader, og I er i mig og jeg i jer. **v21** Den, der har mine bud og holder dem, han er den, der elsker mig; og den, der elsker mig, skal elskes af min fader; også jeg skal elske ham og give mig til kende for ham.« **v22** Judas, ikke Iskariot, sagde til ham: »Herre, hvordan kan det være, at du vil give dig til kende for os, men ikke for verden?« **v23** Jesus svarede ham: »Den, der elsker mig, vil holde fast ved mit ord, og min fader vil elske ham, og vi skal komme til ham og tage bolig hos ham.

v24 Den, der ikke elsker mig, holder ikke fast ved mine ord. Og det ord, I hører, er ikke mit, men Faderens, som har sendt mig. **v25** Sådan har jeg talt til jer, mens jeg endnu var hos jer. **v26** Men Talsmanden, Helligånden, som Faderen vil sende i mit navn, han skal lære jer alt og minde jer om alt, hvad jeg har sagt til jer. **v27** Fred efterlader jeg jer, min fred giver jeg jer; jeg giver jer ikke, som verden giver. Jeres hjerte må ikke forfærdes og ikke være modløst! **v28** I har hørt, at jeg har sagt til jer: Jeg går bort, og jeg kommer til jer. Hvis I elskede mig, ville I glæde jer over, at jeg går til Faderen, for Faderen er større end jeg. **v29** Nu har jeg sagt det til jer, før det sker, for at I skal tro, når det sker. **v30** Jeg skal ikke tale meget med jer mere, for verdens fyrste kommer; og mig kan han intet gøre, **v31** men det sker, for at verden skal forstå, at jeg elsker Faderen og gør sådan, som Faderen har påbudt mig. Rejs jer, lad os gå herfra!"

Verdens Fyrste, gør sit indtog, splittede Jesus værk gennem forviklinger og forvanskning af hans ord, hermed såede han tvivl i menneskers sind, og kærlighedens budskab som Jesus gav til os, blev ledt ud i mange såkaldte "kristne" retninger. Jesus ord blev brugt som våben af magthavere, for egen vindings skyld, og ikke mindst splittede Verdens Fyrste den grundlæggende tro i menneskers hjerte, så kærlighedens budskab næsten gik tabt, i de forskellige udlægninger af Jesus ord gennem tiderne. Kristendommen fik mange "ansigter" - og i stedet for at udgøre en ENHED i hjertet på ethvert menneske, en enhed om at være næstekærlig og have kærlighed og omsorg for alt levende på den Guds skabte jord, blev kærlighedens budskab ofte pålagt menneskene som en tung lænke af regler og forordninger, tyngende ethvert menneske til jorden, skønt Jesus ord er kærlighed og livsglæde. Verdens Fyrste har gjort sit arbejde godt. Men alt dette var med i Guds beregninger, Jesus havde nok en formodning om dette, derfor efterlader han sin menighed i fred, og lader tiden gå sin gang, indtil menneskene er klar til at modtage Talsmanden, Helligånden som kommer tilstede blandt mennesker.

Efter Jesus opstandelse var han sammen med disciplene i 40 dage, men så "fór han til himmels"- som vi siger. Jesus forlader ganske enkelt denne verden - og dermed disciplene. Der er fortalt om dette i Apostlenes Gerninger kap. 1. Jesus, der opstod fra de døde og ikke mere dør, er med andre ord ikke længere fysisk tilstede i denne verden. Jesus havde forberedt sine disciple på dette i sine afskedstaler, som vi kan læse i Johannes Evangeliet. Her siger han til disciplene, at han vil "gå til Faderen" - men også at han ikke vil forlade dem: "Jeg vil ikke efterlade jer faderløse; jeg kommer til jer. Endnu en kort tid, og verden ser mig ikke længere, men I ser mig, for jeg lever, og I skal leve. Det er det bedste for jer, at jeg går bort. For går jeg ikke bort, vil Talsmanden ikke komme til jer"

Helligånden også kaldet Talsmanden kan formidle kontakten til Gud. Gennem Helligånden kan vi tale med Gud og Gud taler til os. Helligånden er en del af Gud, men også et selvstændigt "åndeligt væsen" - som kan tage en menneskelig skikkelse, altså Helligånden er ikke "kun" Guds ånd, men også en skikkelse der kan manifestere sig overfor Guds børn. Talsmanden/Helligånden kan tage bo i mennesker, og gennem mennesket, forsøger Helligånden at få os til at udføre sin gerning til menneskehedens bedste. Talsmanden taler til os, den er den indre stemme der altid er parat til at guide, trøste og hjælpe os når vi føler os ensomme, eller på anden måde fortabte. Helligånden ønsker at gå hånd i hånd med hvert enkelt menneske hele livet, måske vi ikke ved det, men Talsmanden forsøger hele tiden at få os til at huske på Gud, som i bund og grund er KÆRLIGHED TIL ALT LEVENDE. Gennem oplevelser i vort liv, og ved at tale til vort indre, forsøger Guds ånd, at kommunikere med os, og gøre os opmærksomme på sin eksistens. Måske Talsmanden kontakter os meget direkte, antager en åndelig skikkelse, og viser sig for os. Helligånden indeholder også alle kvindelige egenskaber og aspekter, og kan vælge at fremtræde i en kvindelig skikkelse. Helligånden følger os når vi gennemlever og oplever for os til tider både opløftende eller tankevækkende episoder i vort liv, med ønsket om at vi må huske og altid vide at Gud er nær os, mere nær end vi måske kan forstille os. Gud elsker os nemlig uendeligt højt, vi er alle uden undtagelse hans børn, og alle er vi lige for Gud. Jesus er ikke mere iblandt os, hans ord og gerninger lever til alle tider - ikke mindst gennem Talsmandens tilstedeværelse i ethvert menneske der er villig til at lukke Guds ånd ind. Helligånden presser aldrig et menneske til at åbne sig for Gud, Helligånden arbejder på sidelinjen, og måske i det skjulte i vort indre, og glæder sig over hver lille uselviske kærlige gerning vi udretter i vort liv. Ikke nødvendigvis noget stort, men hver lille, måske i vore øjne ubetydelig kærlige handling, vi gør på vor vej.

Gud er kærlighed, kærlighed til alt levende, Gud har skabt alt levende, og gennem hans kærlighed er vi også i vort indre i stand til at være levende, givende og modtagelige. Ved Helligåndens virke, ER VI ALTID ELSKET, og i stand til at ELSKE, både på mentalt og fysisk plan. Når mennesket oplever og indtages af Guds ånd bliver mennesket mere bevidst om Guds eksistens. Mennesket opnår en helhed, en helhed i sit indre, hvor dette menneske oplever en ren kærlighed, og bliver klar over, vi alle er elsket af Gud til alle tider. Ikke mindst når vi fejler, og ikke tror vi er "gode nok" - da er Talsmanden/Helligånden den stemme, der i dit indre og ved sine gerninger, tit gennem andre mennesker, eller begivenheder der vil udspille sig i dit liv, iværksætteren af - at få dig i balance med din samvittighed eller medvirkende til at få dit selvværd op på det plan hvor du hører til. Gud elsker nemlig alle, og ikke mindst mennesker der "fejler."

Gud kender dine tanker, også dine inderste tanker, ingen tanker er for "beskidte" eller for "dårlige" - Gud kan rumme dem alle, og elsker dig med alt hvad du indeholder gennem hele dit jordiske liv, med en kærlighed så stor at du ikke kan begribe det. Gud kender din vej gennem livet, dine nederlag og succeser på alle planer. Gennem Talsmanden, Guds ånd, vil Gud altid forsøge at guide dig på rette vej. Du vælger selv i hvilke retninger du vil gå, og uanset om du går din "egen vej" eller lader dig guide, elsker Gud dig ikke mindre, Guds ånd er utrættelig ligesom den kærlighed der er dig givet.

Gud ser hvad der har været, Gud ser hvad der skal komme, ikke blot for det enkelte menneske, men for menneskeheden og verdens udvikling som helhed. Gud er ikke noget "gammelt" og "støvet" - et levn fra en tid der for længst er forbi, Gud er totalt opdatet! Gud er levende i nutidens mennesker, og har sin plads i nutidens højteknologiske levemåde, der stadig er i rivende udvikling. Gud har givet os evnen til at tænke, og er medvirkende til at vi kan højne os selv, blive mere oplyst, gennem lærdom, kreativitet og udvikling. Gud er i os, vi er skabt i hans billede. Gud ved ALT om ALT, og lader os bruge disse skaberevner, velvidende at vi vil bruge og udnytte evnerne, ikke altid til vort eget bedste eller i menneskehedens tjeneste. Gud lader os høste vore egne erfaringer på godt og ondt. Gud har ikke glemt os, Gud er med os, især når vi "fejler" - eller tror vi er fortabte og alene, da lader Gud sit lys oplyse vort indre. Gud glæder sig sammen med os, Gud tager del i vore sorger, vi er aldrig alene.

Helligånden eller Talsmanden, som Jesus jo bebudede ville komme, er mere virkelig og en del af vort moderne samfund end vi måske aner. Gud er alvidende, Helligånden er en del af Gud, og dog et selvstændigt væsen, der går Guds veje, i håb om at vi altid må bære kærligheden i os, til os selv, hinanden og Gud. Nutidens mennesker glemmer tit at elske, både fysisk, psykisk og ikke mindst at elske uforbeholdent, ikke blot de nære, men også at drage omsorg for ethvert levende væsen på den jord vi alle deler. At huske Jesus budskab, om at elske sin næste er eviggyldigt, og særdeles aktuelt i vort moderne samfund og blandt nutidens mennesker. Heldigvis vil Talsmanden minde os om at drage omsorg for hinanden, og hjælpe os på vej, også i vor højteknologiske tid.

Udover at være direkte formidler til Gud, guide os mennesker på vor vej, trøste os når vi føler afmagt, højne vort selvværd, indeholder Helligånden også evner, som kan skænkes til os når vi er rede og modtagelige, så som healende evner, guddommelig indsigt og evner af kreativ art.

Efterskrift

Kærlige tanker og tak til Daniel og Jonas, for deres tålmodighed og hjælp, ikke mindst når jeg løb ind i tekniske problemer på min pc.

Tak til Gud, som under hele skriveprocessen var min inspirator, min kilde og støtte - og ikke mindst hjalp mig med at huske, hvad jeg ellers ville have glemt!

Til dig, kære læser - tak for din tålmodighed og nærvær. Håber disse tekster har formået at give dig lidt at reflektere over, og du må finde glæde ved de skrevne ord. (Se sider til notater)

NB. Den opmærksomme læser, har nok bemærket at denne bog er uden sideangivelse, det er helt med vilje, da jeg ikke bryder mig om cifre på siderne, og hvorfor udgive en bog der ligner alle andre?

Til notater

Måske du efter at have læst disse tekster, er blevet bevidst om du *har* haft oplevelser med Gud? Skriv disse oplevelser ned, og tænk over hvad oplevelserne har betydet for dit liv.

Mange mennesker har oplevelser med Helligånden eller Jesus, måske du er én af de mange? Tænk lidt over hvorfor du har haft disse oplevelser, hvad var meningen med dem?

Eller skriv ned, hvad du end føler, der er vigtigt for dig at få sat ord på.